Doris Dörrie · Julia Kaergel

Lotte
will Prinzessin sein

Um sieben Uhr früh klingelt Lottes Wecker.

Draußen ist es dunkel und kalt und im Bett so gemütlich.

„Lotte, meine Zuckerschnecke, aufstehen", sagt Lottes Mutter.

„Ich bin nicht deine Zuckerschnecke", faucht Lotte und dreht sich
  auf die andere Seite.

„Komm, Mäuschen, steh auf", sagt Lottes Mutter, „es ist Zeit
  für den Kindergarten."

„Ich bin kein Mäuschen und ich träume gerade, dass ich im Kindergarten bin
  und mit Fingerfarben male", sagt Lotte.

„Wenn du jetzt nicht aufstehst, verpasst du den Kindergarten",
  sagt Lottes Mutter.

„Ich bin doch schon im Kindergarten", brummt Lotte,
  „und wie weiß man eigentlich genau, wann man träumt
  und wann man wach ist?"

„Lotte, bitte, zieh dich an", sagt Lottes Mutter. „Jetzt ist es schon halb acht."
Lotte knurrt.
„Du kommst zu spät zur Arbeit und ich zu spät in den Kindergarten",
sagt Lottes Mutter.
Lotte lacht.
„Quatsch, ich komme zu spät in die Arbeit und du zu spät
in den Kindergarten", sagt Lottes Mutter. „Ich sage es jetzt
zum letzten Mal. Zieh dich an. Bitte, bitte, Zuckerschnecke,
oder willst du, dass ich sauer werde?"
„Ja", sagt Lotte, „ganz sauer, wie eine Zitrone."
„Zum allerallerletzten Mal", sagt Lottes Mutter, „zieh dich an."
„Was soll ich denn anziehen?", mault Lotte.
„Den blauen Rock und den roten Pullover", sagt Lottes Mutter,
„ich habe dir alles hingelegt."
„Das gefällt mir aber nicht", sagt Lotte.

„Aber letzte Woche waren das doch deine Lieblingskleider",
   sagt Lottes Mutter.
„Aber heute nicht", sagt Lotte.
„Jetzt wird nicht diskutiert", sagt Lottes Mutter, „jetzt geh
   und zieh dich an."

„Bist du fertig?", ruft Lottes Mutter aus der Küche.

„Ja", sagt Lotte, „bin ich."

„Dann ist gut", ruft Lottes Mutter. „Der blaue Rock und der rote Pullover sehen doch prima aus, findest du nicht?"

„Und was gefällt dir plötzlich nicht am blauen Rock und am
roten Pullover?", fragt Lottes Mutter und Lotte kann an
ihrer Stimme hören, dass sie gleich böse wird.
„Der blaue Rock ist zu blau und der rote Pullover zu rot", sagt Lotte,
„ich will das Prinzessinnenkleid anziehen."
„Dafür ist es doch viel zu kalt", sagt Lottes Mutter.
„Ist es nicht", sagt Lotte.
„Ist es doch", sagt Lottes Mutter.
„Ist es nicht."
„Dann geh auf den Balkon,
wenn du mir nicht glauben willst."

„Glaubst du mir jetzt, dass es zu kalt ist?"
„Nein, ist es nnnnnicht", sagt Lotte mit klappernden Zähnen,
„du tttträumst, dass es kkkkalt ist. Du tttttträumst,
dass es schschschneit. In WWWirklichkeit schschscheint
die SSSSonne und es ist schschschschrecklich wwwwwarm."
„Oh Lotte", sagt Lottes Mutter, „jetzt mach aber einen Punkt."
„Ggggggut", sagt Lotte, „mmmmmache ich." Sie malt einen Punkt
in den Schnee.

„Jetzt sei doch vernünftig, Zuckerschnecke. Und außerdem geht
so niemand auf die Straße", sagt Lottes Mutter.
„Warum nicht?"
„Weil jetzt kein Karneval ist, deshalb."
„Ich will es aber anbehalten", sagt Lotte.
„Donnerwetter noch mal", sagt Lottes Mutter. „Jetzt ist es schon
viertel vor acht. Ich sage es zum letzten Mal: zieh deinen
blauen Rock und den roten Pullover an oder … oder … oder du musst
allein zu Hause bleiben. Ich muss jetzt in die Arbeit. Ich gehe."
„Das ist gemein", heult Lotte. „Du hast versprochen, mich nie, nie, nie
allein zu lassen."

„Stimmt", sagt Lottes Mutter. „Das war gemein. Natürlich lasse ich
dich nie, nie allein. Ich werde nur langsam verrückt. Zieh dich jetzt
an, oder ich kriege noch einen Tobsuchtsanfall."
„Kannst du gar nicht", sagt Lotte.
„Was?"
„Du kannst gar keinen Tobsuchtsanfall kriegen.
Das kann nur ich."
„Meinst du?", sagt Lottes Mutter,
„dann guck mal gut hin."

„Das war ziemlich gut", sagt Lotte,
„aber ich will trotzdem
  das Prinzessinnenkleid anbehalten."
„Siehst du", stöhnt Lottes Mutter,
„Tobsuchtsanfälle nützen
  gar nichts. Bei dir nicht und
  bei mir auch nicht."

„Und die Zähne hast du dir auch noch nicht geputzt",
sagt Lottes Mutter.
„Ich brauche noch meine Krone", sagt Lotte.
„Ich werde noch wahnsinnig", sagt Lottes Mutter.

„Warum schiehst du immer scho langweilige Schachen an?",
fragt Lotte, den Mund voller Schaum.
„Wie bitte?"
„Du hassscht scho schöne Kleider."
„Welches meinst du denn?", fragt Lottes Mutter.
„Das mit den goldenen Glitschersteinen", sagt Lotte.
„Das ist doch ein Abendkleid", sagt Lottes Mutter.
„Darf man das nur am Abend anziehen?", fragt Lotte.
„Hm", sagt Lottes Mutter, „man kann es eigentlich anziehen,
wann man will. Man nennt es nur Abendkleid."

„Kann man es dann auch am Morgen anziehen?",
fragt Lotte, „als Morgenkleid?
Oder mittags als Mittagskleid?"
„Man kann schon, wenn man will",
sagt Lottes Mutter.
„Oh, bitte, bitte", sagt Lotte.
„Du spinnst, mein Kind", sagt
Lottes Mutter, „jetzt komm endlich,
es ist schon fünf vor acht."
„Bitte, Mama", sagt Lotte.

„Beeil dich", sagt Lotte. „Ich komme zu spät in den Kindergarten."
„Ja", sagt Lottes Mutter, „wir kommen beide zu spät."
„Aber jetzt sind wir beide schrecklich schön", sagt Lotte.
„Ja", lacht Lottes Mutter, „das sind wir."

„Ich habe auch noch eine Krone für dich", sagt Lotte, „die alte,
die ich nicht mehr brauche."

„Es ist doch gar kein Karneval", sagt eine alte Frau kopfschüttelnd.

„Wo wollt ihr beiden Prinzessinnen denn hin?", fragt der Straßenbahnfahrer.
„In den Kindergarten", sagt Lottes Mutter. „In die Arbeit", sagt Lotte.